Hasenpost

Eine Geschichte von Jan Zberg

mit Bildern von Siglint Kessler

Verlag Sauerländer

«Mama – wo brennt's, wo brennt's?»
«Ach Jan! Rauch ist Rauch und Dampf ist Dampf. Wenn Wasser siedet, gibt es Dampf. Die Eier müssen doch gekocht werden. Oder willst du etwa rohe Eier austragen?»

Hasenjan antwortete nicht. Er stellte sich vor, wie es spritzen würde, wenn man mit rohen Eiern Ditschen spielt.
Da rief Papa von nebenan: «Jan, bring mal bitte Zeitungen – vom Altpapier!»

«Papa, was machst du da?»
«Frag nicht so dumm! Hilf mir lieber die Körbe mit Papier auszupolstern und ...»
«Aber», unterbrach Jan, «könnten wir die Eier diesmal nicht verschicken? Jedes Jahr werden es mehr Familien, die wir besuchen müssen. Das hast du letztes Mal selbst gesagt. Und darum könnten wir doch versuchen ...»
«Ach, du immer mit deinen Ideen. Du willst wohl wieder eine Maschine bauen um Eier auszutragen, was? Der laute Motor würde die Kinder aufwecken, und schon wäre unser Geheimnis entdeckt. Schluss mit deinen verrückten Vorschlägen, mach dich an die Arbeit.»

«Lass ihn erst mal ausreden!», rief Hasenopa dazwischen. «Als du so alt warst wie er, wolltest du auch immer was Neues erfinden. – Jan, erzähl, wie würdest du die Eier austragen?»
«Ist doch ganz einfach», sagte Jan. «Wenn ich mit meinem Hubschrauber hoch genug fliege, hört niemand den Motor. Und die Eier lasse ich an Fallschirmen zur Erde schweben.»

«Sooo? Und wenn die Eier in den Bäumen hängen bleiben?», erwiderte Onkel Emil.
«Dann klettern die Kinder eben rauf», antwortete Jan.
«Das ist auch viel spannender, als die Eier immer nur am Boden zu suchen.»

«Das kann schon sein», sagte Hasenmama. «Aber wo will unser Sohn so mir nichts, dir nichts einen Hubschrauber hernehmen?»
«Wartet mal!», unterbrach Lisa. «Vorhin hat Jan was von Verschicken gesagt. Das ist doch die Idee! Wir müssen nur noch eine gute Verpackung erfinden. Ich schlage vor, alle basteln eine Lösung und dann schauen wir, welche am besten ist.»
«Abgemacht», sagte Hasenpapa. «Alle Erfinder auf eure Plätze – bereit? fertig? los!»

Lisa kramte zuerst in Mamas Wollkorb. «Um jedes Ei einen Wollknäuel, das gibt doch eine schöne und nützliche Verpackung.»
Als die Sache etwas zu verwickelt wurde, kam Lisa das alte Eierregal in den Sinn,

das bei ihrer Freundin in der Küche hing. In so einem Regal konnte man gleich mehrere Eier unterbringen. Lisa ging in die Werkstatt, suchte passendes Holz zusammen und begann Brettchen zu hobeln.

Jan dachte sehr lange nach. Noch immer spukte ihm die Idee mit dem
Hubschrauber im Kopf herum. Aber egal, womit er fliegen würde,
die Eier mussten stoßsicher verpackt sein. Vielleicht ...
na klar: Stoßdämpfer! Jan strahlte: Dafür brauche ich nur noch
Metallfedern. Klopapierrollen habe ich ja schon immer gesammelt.
Er holte den Vorrat unter seinem Bett hervor und ging in den Keller.

In der Werkstatt traf er Papa, der gefederte Eier-Aufhängungen lötete.
Weshalb hatte Hasenpapa vorher über die Ideen von Jan geschimpft?
Wohl nur, weil er selbst noch verrücktere Dinge austüftelte.
Hasenjan schüttelte den Kopf – so wie sein Vater sonst immer den Kopf über ihn schüttelte.

Hasenmama hatte nicht lange nachdenken müssen. Teig ist ein warmer und weicher Mantel, sagte sie sich. Und genügend Blumentöpfe als Backformen habe ich auch. Wenn ich die Backzeit richtig hinkriege, muss ich die Eier nicht einmal kochen.

«Zwei auf einen Streich», rief sie fröhlich und wässerte die Blumentöpfe. Dann mischte sie Mehl, Butter, Wasser, Salz und Hefe zu einem Teig.

Als sie das erste Blech aus dem Ofen nahm, musste Hasenmama selbst staunen: «Da werden die Leute Augen machen!», sagte sie zufrieden und trug das Backblech zum Auskühlen vor die Tür.

Draußen saß Onkel Emil. «Nichts geht über ein richtiges
Rindenschiffchen», murmelte er stolz.
«Die habe ich schon als kleiner Junge geschnitzt.»
Da kam auch Tante Hanna vor das Haus.
«Rindenschiffchen, die den Fluss hinaufschwimmen?», fragte sie.
«Und überhaupt: Wohnen alle Kinder an einem Fluss?»

«Das Beste ist und bleibt ein ganz gewöhnliches Paket», sagte da
Tante Hanna. «Leere Schachteln habe ich schon zusammengesucht.
Mir war bald klar, dass das Erfinden zu viel Zeit braucht.»

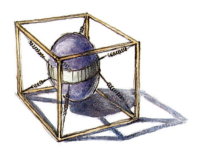

Tante Hanna hatte Recht:
Eierkästchen, Rohrtüten,
Federaufhängung,
Überraschungsbrot und
Eierschiffchen waren zwar
gute Erfindungen, aber …
aber die Erfinderinnen und
Erfinder hatten vor lauter Erfinden
die Zeit vergessen.
Wie gut, dass Tante Hanna einen
klaren Kopf bewahrt hatte.

Alle halfen ihr, die restlichen Eier
einzupacken.
Das ging jetzt plötzlich ganz flink
und ohne große Worte.

Zum Schluss sagte Hasenpapa:
«Jan und Lisa sind die schnellsten,
sie bringen die Eier zur Post.»

Beim Aufladen halfen alle mit. Dann umarmte Hasenmama ihre Kinder und sagte:
«Fahrt direkt zur Hauptpost – und benehmt euch unauffällig!»

«Gute Fahrt!», riefen Papa, Tante und Onkel.

«Und vor allem: Vorsicht mit den Eiern», brummte Opa.

Lisa und Jan waren aufgeregt und hatten etwas Angst.
Aber niemand schien sie zu beachten. Die Stadt war
eigenartig leer, kaum jemand war unterwegs.
Alles war still, irgendwie zu still.
Natürlich, es war Samstagnachmittag.
Die Geschäfte waren bereits geschlossen.

Auch die Post hatte zu! Jan und Lisa schauten sich ratlos an.
«Wenn wir nur schon Briefmarken draufgeklebt hätten», sagte Jan seufzend.
«Ach, du!» Lisa verzog das Gesicht. «Wie groß sind die Pakete – und wie groß ist der Briefkastenschlitz?»

Jan nickte: «Was machen wir jetzt?»
Hasenlisa antwortete nicht.
Sie wendete einfach ihr Fahrrad, stieg auf und strampelte los.
Jan folgte ihr.

Alle waren enttäuscht, alle.

«Und jetzt?», fragte Hasenmama.
«Das ist doch ganz klar», sagte Hasenopa und lachte.
«Jetzt machen wir es so, wie wir es schon immer gemacht haben.
Wie alle Osterhasen!»

So waren die Eier – hoppeldihopp – gerade noch rechtzeitig versteckt.
Und überall konnten die Kinder mit Suchen anfangen.

Die Deutsche-Bibliothek – CIP-Einheitsaufnahme
Hasenpost / Jan Zberg (Text). Siglint Kessler (Bilder). –
Aarau ; Frankfurt am Main ; Salzburg : Sauerländer, 2000
ISBN 3-7941-4484-8

Alle Rechte vorbehalten.
Das Werk und seine Teile sind urheberrechtlich geschützt. Jede Verwertung in anderen als den gesetzlich zugelassenen Fällen bedarf deshalb der vorherigen schriftlichen Einwilligung des Verlages.